CHRISTINE und RICHARD KERLER

Gipfelsprüch

Christine und Richard Kerler

GIPFELSPRÜCH

BASTEI LÜBBE

Zeichnungen: Ortrud Proebst-Bergmann, München

Lizenzausgabe: Gustav Lübbe Verlag GmbH,
Bergisch Gladbach
Printed in Western Germany 1979
Titelzeichnung: Horst Haitzinger, München
Gesamtherstellung: Ebner Ulm
ISBN 3-404-01181-3

Der Preis dieses Bandes versteht sich einschließlich
der gesetzlichen Mehrwertsteuer

ZU DIESEM BUCH

Leider findet man sie immer seltener – Sammlerleidenschaft hat auch sie nicht verschont: die Marterln.
Was sind nun Marterln im eigentlichen Sinne? Der verdienstvolle Heimatautor, Anton Dreselly, gab wohl eine der besten Definitionen in seinem 1896 erschienenen Büchlein „Marterln, Grab- und Hausinschriften": „Unter Marterl im engeren Sinne versteht man in Tirol und Oberbayern eine zum Andenken an einen Verunglückten gesetzte Säule, ein Kreuz oder eine Tafel von Holz, Stein oder Eisen etc., während sogenannte Bildstöckl lediglich (in ähnlicher Weise wie ein Feldkreuz) als eine Mahnung zum Gebete oder als Erinnerung an Gott und die Ewigkeit zu betrachten sind."
Die meisten Marterln künden von Unglücken im Gebirge und speziell beim Bergsteigen. Viele sind von ungewollter Komik. Wer heute auf Bergpfaden wandert, wird nur noch sehr selten auf ein Marterl stoßen – viele sind im Laufe der Jahre durch Schnee, Regen und Stürme beschädigt und verloren gegangen; die meisten dürften sich vor allem in den letzten Jahren Sammler klammheimlich in den Rucksack gepackt haben. Das Bergsteigen ist jedoch noch immer eng mit den Marterln verbunden. Wie anders wäre es sonst zu erklären, daß man heute noch immer in Gipfel- und Hüttenbüchern, eingeschnitzt in Baumrinden am Wegesrand oder Felsen, Gipfelkreuze und Ruhebänken jene „Gipfelsprüche" findet, die in der Diktion den Marterln gar so eng sprachverwandt sind.
Zugegeben: Viele Marterln wollen dem Vorübergehenden

eine ernste Botschaft übermitteln. Manche brillieren durch ihre Lyrik. Eine ganze Reihe von Marterln erfreuen uns durch ihre witzige Sprache – freiwillig oder unfreiwillig, wer will das heute noch feststellen.
Bergsteigen ist eine freudige Angelegenheit, und Bergsteiger sind ein lustiges Völkchen. Somit wurden auch hier in dieser Sammlung traurige und zu besinnliche Marterln weggelassen. Das gilt auch für die auf vielen Bergwanderungen zusammengetragenen „Gipfelsprüch".

Viel Spaß und Berg Heil
wünschen

Verfasser und Verlag

WELTREKORD

Zur Reise in die Ewigkeit
Brauchte er nur kurze Zeit:
Um 10 Uhr morgens ging er fort
Um 11 Uhr mittags war er dort.

In der Gemeinde Layen am Wege nach St. Peter in Tirol

BERGSTEIGERVITA

Von der Wiege bis zur Bahre,
Das sind die schönsten Bergsteigerjahre.

Die Meinung eines Bergführers

ALPINE ABSOLUTION

Je höher die Berge, je schärfer der Wind,
Je schöner das Mädchen, desto
kleiner die Sünd'.

Eintrag ins Gipfelbuch der Gufferthütte am 18. Oktober 1959

KLASSENUNTERSCHIED

Gepriesen sei der Schöpfer der Welt,
der die Berge so hoch gestellt,
damit nicht jeder Lumpenhund,
womit die Täler so reich gesegnet,
dem frohen Wanderer hier oben begegnet.

Eintrag in das Gipfelbuch der Gufferthütte
am 24. Juli 1959

SPÄTZÜNDER

Ist das nicht eine harte Pein,
Mit vierzig Jahr' noch Jungfrau sein.

An einer Alm auf dem Weg zur Hörndlwand

Ein Kreuz am Weg, du gehst vorbei,
Bedenk, was das für Bedeutung sei;
Zieh' ab den Hut, du bist ein Christ:
Dessen Bild für uns gestorben ist.

Salzburger Land

(Aus „Unser Salzburg“ von Karl Adrian,
K. k Schulbücherverlag Wien 1916)

GEMEINSCHAFTSGRAB

Hier ruhen ihrer drei:
A Ochs, a Esel und Er dabei.

Am Duxerjoch

UNBEFLECKTE EMPFÄNGNIS

Hier ruht die ehr- und tugentsame Jungfrau
Genovefa Voggenhuberin
betrauert von ihrem einzigen Sohn.

Auf einem Marterl bei Kitzbühel

REIFEPROZESS

Hier liegt begraben die ehrsame Jungfrau N. N.
Gestorben ist sie im siebzehnten Jahr,
Just als sie zu brauchen war.

Aus dem Oberinntal

DREISATZ

Aufigstiegen, abigfalln, hingwesen.
Die Ehre sei der Heiligen Dreifaltigkeit.

Bergsteigerspruch

TORSCHLUSSPANIK

Hier unter diesem Leichenstein
Ruht eine Jungfrau: Rosa Klein.
Sie suchte lang vergebens einen Mann,
Zuletzt nahm sie der Totengräber an.

Aus Wien

SCHADENFREUDE

In diesem Schlafsaal
Wo das Liegen ist sowieso eine Qual,
haben zwei neben mir heute nacht
ganz kräftig poussiert.
Ich hoffe, es ist dabei was passiert.

In der Schmidt-Zabirow-Hütte

RINDVIEHVERKEHR

Den Franzl, den a jeder kennt,
Hat hier ein Ochs vom Radl g'rennt.
O Radler, der du fahrst zum Haferl,
Sitz ab bei diesem Marterltaferl
Und merk, bergab man immer schiebt,
Dieweil es hier viel Rindvieh gibt.

An der Straße zwischen Krems und Gfohl

ZUGABE

Hier ruht Franz Josef Matt,
Der sich zu Tode gesoffen hat.
Herr gib ihm die ewige Ruh'
Und ein Gläsle Schnaps dazu.

Feldkirch in Tirol

WETTERFRÖSCHE

Ist der Himmel auch noch so grau,
Unter Bergsteigern kümmert das keine Sau.

An der Roßfeldhütte

BERGFÜHRERGLÜCK

Gott Vater im Herzen
Ein Dirndl am Seil
Das eine macht selig
Das andere macht geil.

Alter Bergsteigerspruch

LEBENSLAUF

Hier ruht Johannes Weindl,
Er lebte wie ein Schweindl,
Gesoffen hat er wie eine Kuh,
Der Herr geb' ihm die ewige Ruh'.

Laberweinting bei Geiselhöring

SELBSTERZEUGER

Hier liegt mein Sohn Michael Klar,
Er starb im 18. Jahr.
Von mir selbst gemacht in stiller Mitternacht
Ohne den Herrn Pfarrer.

Im Rottal

BERGSTEIGERAUSKUNFTEI

Das ist eine harte Reis',
Wenn man den rechten Weg nicht weiß;
Frag' die drei heiligen Leut'
Die zeigen Dir den Weg in die Ewigkeit.

Bergsteigerspruch

KREATIVITÄTSTRAINING

Das höchste für den Geist:
Ein Seil, wenn es reißt.

Weitverbreitete „Bergsteigerweisheit"

WURMIGE AUSSICHTEN

Steh still, o Wanderer, merke auf,
Was du nun bist, das war ich auch,
Was ich jetzt bin, wirst du auch werden:
Der Würmer Speis und Staub der Erden.

Bei Altenstadt in Vorarlberg

EXTRAWÜRSTE VERBOTEN

Ob männlich oder weiblich –
alles verrichtet seine Notdurft am Seil.

Ein Bergführer an seine Gruppe in einer steilen Wand

GEBIRGSSCHÜTZENSCHICKSAL

Hier verunglückte der ehrengeachtete
Jüngling Tobias Mayer, 71 Jahre alt,
Durch einen Pixenschuß.

Bei St. Johann in Tirol

BERGSTEIGERPUZZLE

Beute: ein Hut, ein Kletterschuh, zwei Trümmer von Schädeldecke mit etwas Hirn und Haaren (jedoch nichts von dem Gesuchten).

Bericht eines Suchkommandos im Hüttenbuch der Alpl-Hütte am Waxenstein vom 22. September 1943

MEDIZINER PFUSCH

Hier liegt der Bote Michel;
Er fiel mit seiner Kraxen
Und brach sich beide Haxen,
Die wurden amputiert,
Das hat ihn sehr geniert,
Dann kam der Brand hinzu,
Gott' schenk ihm die ewige Ruh'.

In den Tauern

KÖNIGLICHES EDELWEISS

Hoch auf Felsen, nah beim Eis,
Nahe bei dem Licht der Sterne,
Blühst du, holdes Edelweiß,
Allen andern Blumen ferne,
Fern von aller Frühlingsluft,
Einsam an der Felsen Brust.

Hermann Lingg

MÄNNERSCHICKSAL

Hier ruht in Gott N. N.
26 Jahr lebte er als Mensch
und 37 Jahre als Ehemann.

Auf einem Grabstein auf der Insel Herrenchiemsee im Chiemsee

SELBSTVERSORGER

Auch ein Botaniker war hier
Betrat gar nicht die Hütte,
Doch ging er mit zwei Ziegentier
Bis auf des Gletschers Hütte.
Dort hat er, Freunde, glaubt es mir,
(Ich will durchaus nicht kolken)
Das mitgebrachte Ziegentier
Ganz kunstgerecht gemolken.
Dann ist er – satt und dick – geschwind
Ins Tal hinabgeloffen –
Nein, so'n verrücktes Menschenkind
Hab' ich noch nie getroffen.

Aus einem Hüttenbuch der Braunschweiger Hütte

JÖRG IM GLÜCK

Hier starb Martin Rausch.
Die Lawine traf ihn halt
Auf den Leib und macht' ihn kalt;
Auch der Jörgel war darunter,
Aber heut' noch ist gesund er.

Aus dem Passeier Tal

CHRISTENVERFOLGUNG

Hier ist N. Niedermeier
von einer wilden Kuh ermordet worden,
just als er zur Messe ging.

Aus dem Ventertal in Tirol

STAMMESUNTERSCHIEDE

Im kalten Jahr 1853 sind hier zwei Menschen und zwei Böhmen ertrunken.

Am Kalsertauern

PARADEBEISPIEL FÜR DEN UMWELTSCHUTZ

Felsen in den Lüften oben,
Freut euch, daß ihr hoch erhoben
Über dieser Erde steht!
Daß vom lärmenden Getöse
Dieser nicht'gen Weltengröße
Kaum ein Nachhall zu euch weht.

Martin Greif

DAS LIED VOM KOCHELSEE

O kling' mein Lied vom Kochelsee
Und seinen stolzen Wogen!

Denn hier ist manches herbe Weh'
Vom Herzen mir geflogen.

Schon stößt vom hellen Uferrand
Mein kleiner, schmucker Nachen,

Indes von Joch und Herzogstand
Die Büchsen lustig krachen.

Karl Zettel

GEDÄCHTNISLÜCKE

Ein Sturz von dieser Felswand
Ach Gott! – doch jammert nicht,
Ich stirb im glänzenden Unschuldsgewand,
Sechs Jahre zähl ich nicht.
Josef Weinhofer 1856.

Bei Sautens im Ötztal

TESTAMENTSICHERUNG

Hier liegen unsere Alten,
Herr, tue sie wohl in Obhut behalten
Denn, würden sie heute kommen heraus,
So müßten wir von Hof und Haus.

In Tirol

GRILLGEBET

Wie wahr o wie wahr. Als ich in meinem 68. Lebensjahr den 17. August 1863 für meine Geisen Gras zu Heu machen wollte, stürzte ich über diese hohe Felsenwand. Meine Sackuhr ging noch eine Zeitlang, doch meine Lebensuhr blieb plötzlich stehen, mein Fleisch und meine Gebeine verdorrten, sind bereits verfault, da du dieses liesest.

Wanderer! bethe für mich
Eugen Haslwanter
von Ochsengarten.

Auf dem Weg zwischen Oetz und Kühtai

SENIORENSPORT

Scherzweis hüpfte dieser Greise
Allhier auf dem Eise,
Als der See einbrach, da war
Es mit seinem Leben gar.

Am Chiemsee

ALLROUNDKÜNSTLER

Hier liegt der Mesner Krug,
Der Kinder, Weib und Orgel schlug.

Aus Wiesing in Tirol

VORSICHT

Hier liegt begraben mein Weib, Gott sei Dank,
Sie hat ewig mit mir gezankt;
D'rum, lieber Erlöser! geh' weg von hier,
Sonst steht sie auf und zankt mit dir.

Bei Hall in Tirol

NEUGIERDE

Peter Gutschelhofer heiß ich,
In ein besseres Jenseits reis' ich,
Der ganzen Welt sag' ich gute Nacht,
Ich will sehen, was Jesus Christus macht.

In Krieglach

HUTFANGEN

Was hat der Herr mit Ignatz gethan,
Zuletzt schaute er noch den Bruder an,
Er sagt, spring hin auf den Hut geschwind,
Sonst nimmt ihn hinweg der Wind.
Und als er so auf den Hut hin sprang,
Kein (Steig) Eisen ist in den Rasen gang.
Er fiel hinunter auf einen Stein,
Der Kopf war entzwei, kein Hirn mehr drin,
Vermutlich war er schon todt,
Tröste ihn der liebe Gott.
Hier verunglückte Josef Staller
im 36. Lebensjahr.

Am Hinteregger Kogel bei Bergheuen

BERGSTEIGERTOD

Schon zwei Tage kam kein Bissen Speise,
ach in meinen Mund,
Steine waren mein Ruhekissen
Und mein Bett der Felsengrund.

Am Berg Isel

IRRTUM

Ich als treuer Hirtenknab'
Stieg die Berge auf und ab;
Gesucht hab' ich die Schafe hier
Und fand mein frühes Grab dafür.

Zederhaus in Lungau

TIEFFLUG

Hier fiel Jacob Hosenknopf
Vom Hausdach in die Ewigkeit.

Bei Zirl im Oberinntal

BIERBRAUERSCHICKSAL

Hier ruht der Brauersepp,
Gott Gnad' für Recht ihm geb'!
Denn viele hat, was er gemacht,
Frühzeitig in das Grab gebracht.
Da liegt er nun, der Bierverhunzer,
Bet', o Christ, fünf Vaterunser!

Aus dem Oberbayerischen

ALPINES AMTSDEUTSCH

„In Erwiderung Ihres Schreibens beehrt sich die Instituts-Direktion, Ihnen mitzuteilen, daß nach neuestem Materiale – reambulierte Aufnahmsektion . . . vom Jahre 1888 – die absolute Höhe des trigonometrisch bestimmten Punktes „Zugspitze" 2968 m beträgt. Dieser Punkt, östlich in nächster Nähe der österreichisch-bayerischen Grenze – daher auf bayerischer Seite – sich erhebend, ist die höchste Spitze des Plattacher Ferners, auf welcher ein eisernes, vergoldetes, mit einem Blitzableiter versehenes Kreuz errichtet ist, welches den trigonometrischen Punkt bezeichnet. Eine weitere Spitze des Zugspitz-Grates wurde nicht gemessen.

gez. B. Wanxa m. p.
K. k. militärgeographisches Institut

HIMMELFAHRT MIT OCHSENSCHUB

Durch einen Ochsenstoß
Kam ich in den Himmelsschoß;
Mußt auch gleich erblassen
Und Weib und Kinder verlassen,
So ging ich doch ein zur ewigen Ruh',
Durch dich, du Rindvieh du!

Aus dem Passeier Tal

KAISERTREUE

Er war auch ein frommer Christ,
Der plötzlich hier verschieden ist.
Er Anton Jager von Marling war,
Im sechsundfünfzigsten Jahr.
Er ging zum Kaiserfest froh und munter
Und stürzte abends um 6 Uhr hier hinunter.
Wanderer, der du dahier vorübergehst
Und bei diesem Marterl stehst,
Bet auch ein Vaterunser,
Denn denk, es kann so gehen dir,
So wie mir, dahier.

Aus dem Passeier Tal

FERNLIEBE

Ja, steign ma aufi aufs Bergerle,
Ja schaugn ma abi ins Tal,
So siech i nimma mehr mei liabs Diarnale,
Ja frei s' Herz tuat ma weh.

Bergsteigerlied

DAS ETTALER MANDL

S' Ettaler Mandl schaugt weit in 's Land,
Hat zum Schaug'n an' prächtig'n Stand.
Was 's denn da draußen d'erschaug'n will,
Allewei' ernsthaft und allewei' still.

I' will's Enk sag'n, es schaugt und sinniert,
Was der Boar für a Leben führt,
Ob er no' brav, wie sunst, und guat,
Ob er's no' hat sei' tapfer's Bluat,

Ob er no' treu sein' Herrn und Land.
Drum schaugt's Mandl so umanand,
Und wär's anders, na' pfüat' di' Gott,
Nacha wohl kemmat a' große Not.

Franz von Kobell

HIMMELSSTÜRMER

Der Weg in die Ewigkeit
ist manchmal gar nicht weit.
Um 7 Uhr stieg er in die Wand hinauf,
Um 11 Uhr nahm ihn Petrus im Himmel auf.

Salzburger Land

BLASENGEBET

Lieber Gott, laß mir wachsen keine Blasen am Bein,
Bis ich bin oben am Waxenstein.

„Inschrift" an einem Baum
auf dem Weg zum Waxenstein

ANTI-TRIMM-SLOGAN

Leit, bleibt's dahoam,
ma woaß ja need, wia's Weda werd.

Ein Bergführer zu den Mitreisenden
im Zug nach Ruhpolding

STÄDTISCHE ÜBERMACHT

Vier Münchner und ein Markt-Schwabener.
Sauwetter. 1/2 12.

Eintrag ins Hüttenbuch der Neuen Gufferthütte
am 4. Juli 1959

FAMILIENGLÜCK

Vereint mit Schwester, Bruder, Braut,
ham wir auf's Alpelhaus raufg'schaut.

Eintrag ins Hüttenbuch des Alpelhauses
im August 1929

ÜBERRASCHUNGSSTURZ

Ach Gott, wer hätte das gedacht,
Daß ich todt würd' nach Haus gebracht,
Daß ich nehmen müßt ein so entsetzlich End'
Bin herabgefallen von der Wänd.
Mein Tod war so entsetzenvoll,
Daß man es gar nicht glauben soll,
Drum Christenmensch sei allzeit bereit
Zum Eingang in die Ewigkeit.

Bei Gossau

ALPINE ERNTE

Große Steine,
Kleine Steine,
Wunde Beine,
Aussicht keine.

Eintrag ins Hüttenbuch der Neuen Gufferthütte
am 19. Juli 1959

EISTOD

Da auf dieser Höhe bin ich erfroren,
Ein Jüngling mit 12 Jahren,
Andreas Gruber mein Nahm,
Geboren von Bauernstamm,
Alle die da vorübergehen,
Gedenket mein,
Schenket ein Vaterunserlein.
Im Jahre 1879 den 21. Juli.

Auf dem Gipfel des Preber im Lungau

DREI KLEINE BERGSTEIGERLEIN

Drei saßen hier vor dem Ungewitter
in der Sicherheit:
Einer lebt,
die Andern zwei sind in der Ewigkeit.

Am Walchensee

DAS BILDSTÖCKL

Am schwindelnden Hang der Straße
Steht einsam ein starrer Block,
Umwuchert von wilden Farnen
Erhebt sich der Marterlstock.

Sein Täflein bezeichnet die Stelle,
Da starb ein Menschenkind,
Wohl ist es schon verfärbet
Von all dem Regen und Wind.

Doch der es vom Weg erblicket,
Hält an zu kurzer Ruh
Und betet davor in Stille,
Dann wandert er wieder zu.

Martin Greif

VOLKSBELUSTIGUNG

Z' Fischbach am Wendelstein,
Da bin i gern,
Da kann man lustige
Leut'ln g'nug hör'n.

D' Liedln, dies' singa,
Die han dir a Schneid,
Daß si' der traurigste
Tropf d'rüber freut.

Volkslied aus der Fischbacher Gegend

BLITZSCHLAG

Ein fürchterliches Donnerwetter,
Zog auf die Eggenalpe hin,
Der Mensch ist nie sein Selbsterretter,
Träumt ihm auch Gutes in den Sinn,
Vier Menschen schliefen in der Hütte,
und ahndeten im Unglück nie,
Doch plötzlich stand in ihrer Mitte,
Im Blitz und Donner Gott vor sie,
Gott ließ es (das Gewitter)
zum Klobenstein hinüber
Sein Wille wars vom Anfang schon,
Die Sennin war im Geiste ihm lieber,
Such jeder andre seinen Lohn.

Am Klobenstein bei Kössen

BERGSTEIGERINNENTRAGÖDIE

Ein hoffnungsvolles Mädchen
gieng auf dem Berge da hinaus,
Ganz munter, wie's die Mädchen haben
sah nicht mehr nach der Eltern Haus.
Ihre Geschwistert giengen an ihrer Seite
und sie gieng nur etwas voran,
So gieng sie, ja gieng gar nicht weite,
da war schon der Tod daran.
Sie hat den Berg kaum betreten,
So stürzet sie alldort hinab,
Nicht im Stande sich zu retten,

Fand sie dort ein schauerliches Grab.
Muter und Geschwister weinten um sie.
11. Aug. 1858

Vor S. Leonhard im Piztal

ABKÜRZER

Er hat hinab zur Weißbachschlucht
Nach einem kurzen Weg gesucht,
Er kam hinunter, doch nicht heil –
Der Weg war kurz, jedoch zu steil.

An der Weißbachschlucht beim Mauthäusl
an der Straße von Inzell nach Bad Reichenhall

ZEITWENDE

Hier hat Gott den Alois Steiner
Vom zeitlichen ins Ewige übersetzt.

Im Felbertauerntal

FARBENWECHSEL

Im Leben roth wie Zinnober.
Im Tod wie Kreide so bleich,
Gestorben am 17. Oktober,
Am 19. war die Leich.

Bei Brixen

HIMMELSSCHRITT

Hier ist schon wieder ein Berg zu Ende.
Höhersteigen auf eigene Gefahr.

Eintrag in's Gipfelbuch der Gufferthütte
am 25. September 1960

DOPING

Auf den Bergen ist es schön,
Auf die Berge tu ich gerne geh'n.
Aber meine Beine tun mir gar so weh.
Doch die Kraft des Weines
Und das Fleisch des Schweines
Zieh'n die Kraft des Beines
Wieder in die Höh.

Aus dem Gipfelbuch des Alpelhauses
vom 17. August 1927

GÖTTLICHER FUTTERNEID

Die Götter zürnen
Es schneit und
Wir sitzen hier bei einem gebratenen Schwein.

Gipfelbuch des Alpelhauses, Eintrag vom 17. April 1929

IRRTUM

Gedenke der Jungfrau Barbara Hechenpleikner,
welche hier unter den Schneelawine ihr zeitliches Leben
in das ewige gewechselt hat.

Aus dem Paznauntal

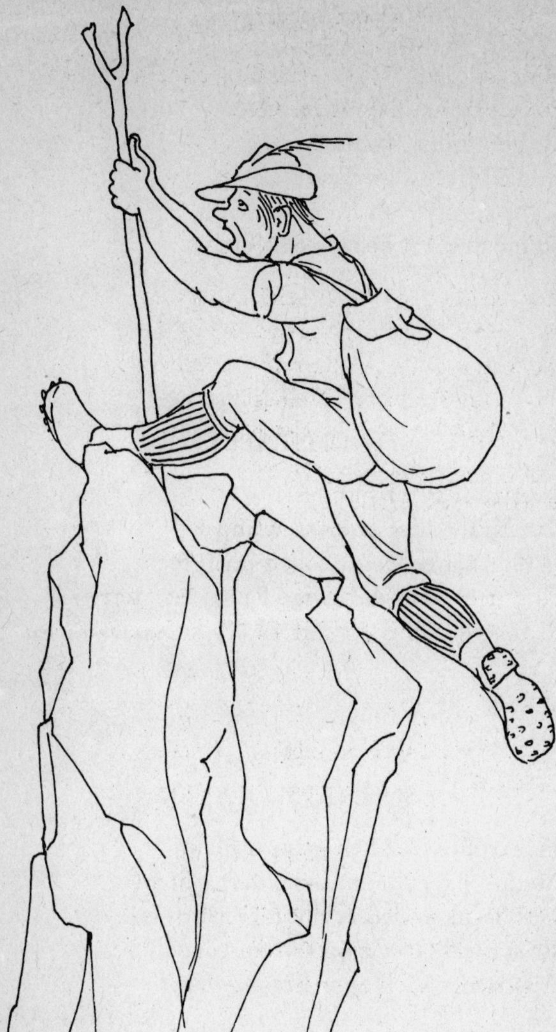

TEUFELSWEIB

Unter diesem Stein
Liegt Hanne, das Weib mein.
Sie ging ohne Zweifel
In die Hölle zum Teufel;
Sollte sie aber im Himmel sein,
So möchte ich lieber nicht hinein.

Bei Tux

HOCHSTAPLER

Hier ruht Peter Funder,
Der Krapfelder größtes Wunder
G'redt hat er viel, g'logen noch mehr,
Es schenk ihm die ewige Ruhe der Herr.

Aus Oberbayern

SCHNAPSFÖRSTER

Hier ruht im stillen grünen Hain,
Mein sel'ger Mann, der Förster Stein.
Das Trinken ließ er nimmer sein;
Er starb – Gott mög es ihm verzeih'n
Aus reiner Lieb zum Branntwein.

Aus Oberbayern

STAMMBAUM

Hier ruht das junge Oechselein,
Vom alten Ochs das Söhnelein;
Der liebe Gott hat nicht gewollt,
Daß er ein Ochs werden sollt'.
Der Vater Ochs hat mit Bedacht
Den Vers und Grabstein selbst gemacht.

Aus Eschelkam im Bayerischen Wald

TRÜBE AUSSICHTEN

Lern, o Mensch, was du bist,
Und was dein Leben ist,
Ein Leichenkleid und ein Leichenbrett
Ist dir nach dem Tode bereit.

Aus dem Salzburgischen

VERKEHRSHINWEIS

Über'n Predigtstuhl umi
Führt a Wegerl, a schmal's
Wann's d'net vorsichti' bist,
Brichst d' dir a leicht ön Hals.

Ludwig Hörmann

GÖTTLICHE HAUSRATVERSICHERUNG

Glück hinein, Unglück hinaus
Gott beschütze dieses Haus.

Oberbayern

KRAFTNAHRUNG

Wir erreichten den Gipfel mit Müh und Not.
Dann waren wir beide auch schon fast tot.
Ein gutes Mahl zur rechten Zeit,
Schon waren wir wieder zum Abstieg bereit.

Eintrag in das Hüttenbuch der Gufferthütte
am 18. 7. 1960

GEBETSLOTTO

Ich bin noch jung von Jahren,
Ich bin auf die Alm gefahren,
Das Viehgeschäft war mein Freud,
Jetzt muß ich unter Donnerblitz
In die Ewigkeit.
Wer mich had kennt,
Peter Berauer bin ich genennt,
Um einen Vaterunser bitt ich Euch,
Komm ich zu Gott, so bitt ich auch für Euch.

Bei Stampfanger

AUFTRAG ERLEDIGT

Als ich auf dieser Erden war
und billigram Acht und Vierzig Jahr
Lied viel trübsall, Creutz zu der Zeit
auch ander widerwerdikeit
Da bath ich Gott daß 'r mich namb hin
Ins Himmelreich da ich Itz bin.

Marktbreiter Friedhof

ERKENNUNGSDIENST

Lieber Wanderer merke Dir das,
Geh' auf dem Weg und nicht im Gras,
Damit man leicht und ohne Müh'
Dich unterscheiden kann vom Vieh.

Hinweisschild für Umweltschutz

LEBLOS

Hier ruht
der ehrenreiche Jüngling
Peter Richter
Jetzt stumm und kalt
War 89 Jahre alt.

Im Pitztal

SCHNAPS-BLESSUREN

Christliches Andenken an den Schuster Blasius Obermüsseler, der am 30. Oktober 1861 schwer besoffen durch einen Sturz von einem Felsen herunterfiel und beschädigt liegen blieb.

Bei Villach in Kärnten

UNGLÜCK IM GLÜCK

Allhier ist die tugendsame Jungfrau Gertrud Steixner glücklicherweise über den Schrofen herabgestürzt, hat sich aber dennoch am 26. August 1840 im 67. Lebensjahr zerfallen.

Bei Wipptal in Tirol

SELBSTVERSORGER

Hier endete der Anton Höllbart durch einen Sturz, welcher noch in seinem Todeskampfe nach einem Priester verlangte, der aber leider zu spät kam und so mit eigenem Trost in das bessere Jenseits hinüberging.

Im Gerlosplattengebiet

TÄTIGKEITSNACHWEIS

Hier kam beim Holzen unter die Prügel,
Er war ein guter Holzknecht,
der Johann Riegl.

Unterinntal

FAMILIENGLÜCK

Hier liegt Andreas Hut,
Der Frau und den Kindern tut' s gut.

Ursprung unbekannt

EHEGLÜCK

Mein Weib deckt dieser Grabstein zu,
Für ihre, wie für meine Ruh.

Ursprung unbekannt

DÜFTE

Hier liegt unser beliebter Junker,
Und als er tot war, stunk er.

Ursprung unbekannt

STEINSCHLAG

O Wanderer, o denk daran!
Hier hat den guten braven Mann
Ein Stein gebracht in Todesnacht,
Wer hätte wohl daran gedacht.

Im Stubaital

SCHWERGEWICHT

Hier deckte den Metzger Prantel
Zu der Todes Mantel
Für einen Mann von 60 Jahr
Ein starker Fall dies war.

Im Zillertal

JUNGGESELLENGLÜCK

Er lebte fromm und recht
Der hier derdruckte Bauernknecht,
Zum Glück war er ledig –
Gott sei ihm im Fegfeuer gnädig.

Im Unteren Inntal

WUNSCH AUS DEM JENSEITS

Wanderer, stehe still und weine
Vor diesem Leichensteine:
Hier liegen meine Gebeine,
Ich wollt, es wären deine!

Ursprung unbekannt

JUNGFRAUENPECH

Hier ruht die Jungfrau Cenzi Winter
Mutter von 4 unehelichen Kindern.
Leider ist sie nicht zur Ehe gekommen,
weil sie keiner hat genommen.

An einer Almhütte im Duxertal

STAMMESUNTERSCHIEDE

Hier in dieser Hütt'n Schlafsaal,
Lagen fünf Menschen und ein Westfal.

„Wandinschrift" in der Traunsteiner Hütte

STRAFPROZESS

Der Tod folgte nicht seinem Beispiel.
Er machte kurzen Prozeß.

Marterl für einen Advokaten

WORTSPIEL

Hier liegt der Förster Rupert Huß,
Er starb an einem Büchsenschuß,
Der auf der Jagd von Ohngefähr
Ihn hat getroffen folgenschwer.
Zum Glück konnte man ihn noch versehen:
Gott laß ihn fröhlich auferstehen!
Ich nannt' ihn oben Rupert Huß

Um hinzuweißen auf den Schuß,
Doch hieß er in der That Franz Leim,
Das aber paßt nicht zum Reim.
Was hätt' ich mit dem Leim gemacht?
Wie hätt' den Schuß ich angebracht?
An dem er doch verschieden ist
Als Jägersmann und guter Christ.

Oberalm bei Hallein

GEBIRGSERNTE

Christliche Erinnerung für den thugendsamen Jüngling Ignatz Neuner von Au, welcher am 4. September 1882 mit Grasropfen vom Felsen heruntergestürzt und schnell darauf seinen Geist in die Hände des Schöpfers übergeben hat. Vaterunser. Ave Maria.

Auf dem Wege von Ochsengarten nach Ötz

JÄGERSCHICKSAL

Leser! Steh still und bethe Gottes Vorsehung an! In dieser Schneelafin endete Joseph Angerer von Igls, der wackere Forschjager beim H. Lochan durch einen gewaltigen Sturz sein 33jähriges Leben den 11. Mai 1833. Vater unser, Ave Maria.

Bei Volderbad im Unterinntal

NEUGIERDE

Hier an dieser Stelle
Hat Kaspar Hauser gebeugt seinen Belle,
Zu weit über die Wand,
Jetzt fliegt er im Engelsgewand.

Ursprung unbekannt

HÜTTENLIEBE

Hier auf dieser Hütte,
genau in des Schlafsaals Mitte,
ließ sich die Anni vernaschen,
obwohl sie war nicht gewaschen.
Aber das macht nix,
denn es ging sehr fix.

„Wandinschrift" in der Alten Traunsteiner Hütte

EHEGLÜCK

Hier oben auf dem Hochgern,
bin ich gar so gern.
Meine Alte blieb Gott sei 's gedankt zuhaus',
Wie sieht die Welt ohne sie doch
gleich viel freundlicher aus.

„Inschrift" an einem Baum auf dem Weg zum Hochgern

BIEREHRUNG

Oh, du schöner Watzmann,
Solang ich krabbeln kann,
Steig ich hinauf zu Dir
Und trink abends auf dich fünf halbe Bier.

Am Kürointhaus

ROLLENTAUSCH

Hier ruht der Gastwirt Morgenroth,
An dessen Tisch man schlecht gegessen.
Jetzt ist er selber table d'hôte,
An der die Würmer besser essen.

Marterl für einen Gastwirt

BIERZWANG

Wir sind gewesen zu viert,
aber leider fehlt hier oben der Wirt.
Drum machen wir schnell kehrt
und tun runterlaufen,
um gleich eine Maß
beim nächsten Wirt zu kaufen.

Eintrag in das Hüttenbuch der Gufferthütte
am 20. August 1959

ALPINER GESUNDHEITS-CHECK-UP

Just heute vor 47 Jahr
Ich auf die Welt gekommen war.
Zur Prob', ob ich noch was nütz'
erstieg ich heute diese Spitz.
Nach aber 47 Jahr'
weiß ich nicht mehr,
daß ich hier war.

Aus dem Gipfelbuch der Zugspitze (Ostgipfel)
Eintrag am 4. August 1896

ALPINE LEBENSWEISHEIT

Gott Vater im Herzen,
Ein Dirndl im Alpenvereinsbett
Das eine macht selig,
Das andere nicht fett.

Rossfeldhütte

GRABSCHÄNDUNG

Hier ruht Herr Tobias Mair,
Bürgerlicher Metzgermeister
und seine noch lebende Gattin.

Bei Percha im Pustertal

BERGSTEIGERLEBENSLAUF

Berg auf – Berg ab, steigen und fallen.
Der Menschen Schicksal.

An einem Almpfad in der Obersteiermark

ATMUNGSÜBUNG

Wanderer stehe still und schnaufe,
Bete ein Vaterunser und ein Ave.

Im Ötztal

SEGEN FÜR SÄUGETIERE

Hier liegen begraben,
Vom Dunder erschlagen,
Drei Schaf, a Kalb und a Bua,
Herr! gib ihnen die ewige Ruah!

Aus dem Pitztal in Tirol

WILDERERSCHICKSAL

Dies sind die zwei verunglückten Brieder Andere und Georg Pister zu Föchler in Maathstein, welche der Tod durch ein Wild in eine Schnee-Lahne hineingelockt hat und so von der Welt hinweggerafft. 1851.

Bei Hinterdux in Böhmen

SEKTIONSWETTKAMPF

Ihr Sektion Leitzachtaler, habt Ihr vernommen,
Es ist Euch einer zuvorgekommen.
Auf diesem Gipfel stand mein Fuß,
An alle Sektioner einen schönen Gruß.

Eintrag ins Hüttenbuch der neuen Gufferthütte am 3. Juli 1959

ALPINER LEBENSLAUF

Aufistieg'n,
Abigfall'n,
hie gwes'n,
Friedhof trag'n,
gar is gwes'n.

Ein Bergführer als Warnung an seine Seilgefährten.

FAMILIENGRAB

In diesem Grab ruht Annich Peter,
Die Frau begrub man hier erst später,
Man hat sie neben ihm begraben:
Wird er die ewige Ruh' nun haben?

Aus Oberperfuss in Tirol

LEBENSLAUF

Hier in dieser Grub'n
Liegen zwei Mutterbub'n;
Geboren am Chiemsee,
Gestorben an Bauchweh.

Aus dem Chiemgau

TIERFREUND

. . . Er wurde außer von seinen zahlreichen Hunden von einer Witwe und 5 unmündigen Kindern betrauert.

Zwischen Wörgl und Itter

EIN HALLELUJA
FÜR EINEN CASANOVA

Hier ruht Franz Schiestl.
Er war in seinem Leben
Ein guter Schwanz.
Betet für ihn einen Rosenkranz.

Auf einem Grabstein bei Hall in Tirol

ZÄHLEBIG

Hier liegt J. M. beider Gerichte
Wiebeslsehr und tugentsame Hausfraw,
gest. am 3. M. 1770,
nachdem sie zuvor ihre 14 ehelichen Kinder
in die Ewigkeit geschickt hatte.

Bei Rankweil

KRAFTNAHRUNG

Bal i auf d' Alma kim,
kocht glei die Senderin
a Muaserl und a Weinberl drein,
das tuat mi sakrisch g'freu'n.

Alte Volksweisheit

ALPENGLÜHEN

Schon nachten die Thäler,
Das Licht an den Höh'n
Wird bleicher und schmäler,
Wie stirbt es so schön!

Die Vorberge glühen
In rosigem Duft,
In sanftem Versprühen
Der dämmernden Luft.

Hermann Lingg

SCHLEICHWERBUNG

Im Nebel verirrt
Der Berggeist ihn verwirrt.
Weil im Gebirge führerlos
Fiel heute schon das Todeslos,
Der Führer will leben,
Soll Verdienst man ihm geben.
Wanderer merke das Sprüchlein fein,
In's Hochgebirge nie allein.

Marterl für einen verunglückten Oberleutnant
an der Weißenfelser Scharte

GLÜCK IM PULVERDAMPF

Zum christlichen Andenken an den ehrenzüchtigen Junggesell N. N. welcher im Jahre 1884 nach unerforschlichen Rathschluß Gottes durch eine Masse Pulverentladung einen schaudervollen Tod überstanden hat.

Bei Dux

ARMES SÜNDERLEIN

Hier liegt ein armes Sündenaas,
Das seine Sünden in sich fraß,
Gleich wie der Rost die Zwiebel.
Ach nimm mich Sündenhund beim Ohr
Wirf mir den Gnadenknochen vor,
Und laß mich Sündenlümmel
In deinen Gnadenhimmel!

Im Salzburger Land

OHNE VORWARNUNG

Gesund und fröhlich ging ich hinaus
Sie brachten mich aber Tod zu haus
O Mensch gedenk an das letzte End
Ich bin gestorben ohne hl. Sakrament
am 23. Juni 1891.

Gadertal in Tirol

KARRIERELEITER

Hier ruht Johannes Hesserer
Ein schlechter Tenorist
Und lacht weil er ein besserer
Dort im Himmel ist.

Friedhof von Teinach

STEINSCHLAG

O Wanderer, o denk daran!
Hier hat den guten braven Mann
Ein Stein gebracht in Todesnacht,
Wer hätte wohl daran gedacht.

Im Stubaital

WITWERGLÜCK

Steh' Wand'rer still,
schau' eines Mannes Schmerzen,
Hier liegt mein Weib, so sanft, so mild.
Jetzt liegt ein Stein auf ihrem Herzen,
Auf meinem keiner mehr!

Aus dem Kanton Zug in der Schweiz

HIMMLISCHER VERSICHERUNGSWECHSEL

Dieses Haus stellt ich in Gottes Hand,
Da ist es dreimal abgebrannt.
Nun hab ich's dem Hl. Florian anvertraut
Und ich hoff, daß er besser danach schaut.

An einer Hütte in der Steiermark

ALPINER EXPRESSIONISMUS

Füße schweißüberkrustet, blasenbedeckt.
Augen sonnenverkniffen, fernestarrend,
Wolken blähen sich wie weite Segel . . .

Eintrag in das Hüttenbuch der Gufferthütte
am 25. Juni 1961

KLASSENUNTERSCHIED

Saukopf gib net so o' mit deiner Doktorschrift

Unter einem etwas unleserlichen Gekritzel
an einer Bank bei Inzell

STÄDTISCHE KONDITIONSSCHWÄCHE

Aufwärts hama keucht wia d' Rösser,
obi hoff' i geht 's besser,
schließlich aba hot 'ses g'lohnt.
Mia Staderer san bloß nix g'wohnt.

Aus dem Hüttenbuch der Gufferthütte
vom 12. September 1959

DAUERURLAUB

Kaum bin ich auf die Welt gekommen,
Hab' ich vom Vater Urlaub g'nommen,
Von der Mutter auch zugleich;
Jetzt bin ich in dem Himmelreich.

Aus Inzell bei Traunstein

AUSWEGLOS

Mit dem gnadenlosen Tod
Muß alt und jung dahin,
Die Jungen findet er,
Die Alten finden ihn.

Bei Saalfelden

WASSERSUCHT

Hier liegt unter allerhand
Auch Peter Violand,
Er war im Leben welcher
Im bürgerlichen Leben Selcher.
Er lebte in Furcht und Zucht
Und starb an der Wassersucht.

Bei Sterzing

FELSENSTURZ

Dieses Denkmal ist gesetzt zur frommen Erinnerung zum Gebethe für die Seele des ehrsamen Landmannes J. Kluibenschädl welcher am 28/IX 53 im 44. Jahr über einen hohen Felsen herabstürzte und wahrscheinlich in Folge dessen 2 Tage darauf sein Leben endete.

Bei Sils

ALPINE UMWELTVERSCHMUTZUNG

Die Hütte war voll Ruß und Qualm,
Wie herrlich ist es auf der Alm.

Eintrag in das Hüttenbuch des Alpelhauses am 27. Dezember 1925

SNOBIETY

Hier ruht der reiche Led'rermeister,
Patriz Gandelhofer heißt er;
Mit seid'ne Strümpf und Schnallenschuh'
Ging er ein zur ew'gen Ruh'.

Bruneck in Südtirol

PARADIESFRÜCHTE

Freudig gingen wir nach drüben,
Um Beeren zu suchen für unsere Lieben,
Aber ohne es zu vermuthen
Stürzte ich in die Fluthen,
Und mit meinem Leben war es aus,
Ich brachte keine Beeren nach Haus.
Aber im Jenseits drüben
Werd' ich stets mich bemühen,
Und zu eurer größten Freud'
Halt' ich die Beeren bereit.

Bei Vomperloch in Tirol

DURST

Das Wasser, welches du hier schöpfest,
Löscht den Durst nur kurze Zeit.
Welches aber ich dir gebe,
Löschet ihn in Ewigkeit.

O mein Herz brennt voll Begier,
Gib solches Wasser mir,
Das mir dort durch die Himmelsfreud
Den Durst löscht in Ewigkeit.

Zwischen Maria Plain und Lengfelden

WASSERLEICHE

Der Bodensee war mein kühles Bette,
Am Mittag war mein Ende nah!
Vergebens rief ich: Rette, rette!
Obgleich man mich ertrinken sah.
Drum schlief ich denn ganz ohne Pein
So nach und nach im Wasser ein.

Am Bodensee für ein Mädchen, das ertrunken ist

FEGEFEUERBITTE

Ihr Freund, wenn ihr 's gut meint,
Ach eilt und helft mir Armen,
Eine lange Zeit ich hier schon leid.
Ach thut euch doch erbarmen.
In strenger Hiez
In Feuer sitz
Und warth auf euch mit Schmerzen
Um ein Vater Unser und Ave Maria.

Bei Bruck an der Mur in der Steiermark

MISSIONSAUFRUF

Geh', Wanderer, an diesem Ort
Nicht kalt und träg vorüber,
Bitt' Gott um Gnad für hier und dort,
Für dich und deine Brüder,
Daß ab er wend' Schauer und Brand
Von allen unsern Feldern,
Und segne Brot und Vaterhaus,
Die Asche unserer Eltern.

zwischen Maxglan und Siezenheim

KAPITALISMUS

Hier wohnt der Gastwirt Georg Link,
ein Büttner und ein Brauer flink,
Willkommen bist du lieber Gast,
Sobald du Geld im Beutel hast.

An einem früheren Wirtshaus in Roth

RATIONALISIERUNG

Hier schläft nach langer Arbeit sanft genug,
Der Orgel, Schüler, Weib und Kinder schlug.

Grabinschrift für den
Winterthurer Schullehrer Hans Kugler

GASTARBEITERSCHICKSAL

Hier ruht der ehrsame Junggesell Alois Fesini von Cahamahango, welcher in der Fremde unter einer kleinen Schneelawine seine wahre Heimat gefunden hat am 18. Dez. 1871.

Bei Dornauberg

VATERLIEBE

Hier ruhen in Frieden nebst vier unmündigen Kindern der Weyl. Ehrenhaffte und achtbare Meister Johann Jakob Dalck gewesener Burger und Banckmetzger.
Ist gebohren in Marktbreit Ao. 1688 den 18. Novemb. gestorben Ao. 1729 den 19. November.

Marktbreiter Friedhof

KNOCHENKRIMINALITÄT

Der Tod mit seinen Knochen
Hat den Johann Stembo erstochen.

Bei Bischoflack in Krain

AUSSICHTEN

Ich bin gewesen wie du,
Du wirst werden wie ich,
Drum bitt' ich dich,
Denk im Gebet an mich.

Bei Fend im Ötztal

ERBENGEMEINSCHAFT

Ihre von 11 erzeugten Kindern hinterbliebenen 3 Söhne und 6 Töchter haben Ihr dieses Grabmahl gestiftet.

Marktbreiter Friedhof

AUSWEGLOS

Da fällt einer vom Gipfel herab,
Der andere findet im Bett sein Grab.
Der Tod ist halt ein böser Wicht,
Scheut er doch vor keinem
Kabinettstückchen nicht.

Im Ötztal

ABENTEUERREISE

Theres und Rosa heißen wir,
Zu unserem Jesus reisen wir,
Wollen sehen, was unser Jesu macht –
Liebe Eltern, gute Nacht.

Grabinschrift auf dem südlichen Friedhof in München

AUFGESPIESST

Hier ruht Theresia Feil,
Sie starb in aller Eil'.
Von Heustocks Höh' fiel sie herab.
Sie fiel in eine Gabel,
Zum großen Lamentabel
Fand sie darin ihr Grab.

Aus dem Bayerischen Wald

XY . . . UNGELÖST

Andenken an Franz Leitner, welcher hier durch den Anfall eines Räubers nach langem Kampfe unter vielen Wunden am 24. April 1829 sein Leben geendet hat. R. J. P.

Lieber Leser, ich bitte dich,
Ein Vaterunser bet' für mich!

Bei Aigen im Salzburger Land

ERINNERUNG

Steh still, o Wandersmann, und denke dran,
Daß auch dich der Tod übereilen kann.

Zwischen Mauterndorf und St. Michael im Lungau

DREIER

Hier liegt selig in den Herrn verschlafen,
Hans Knopf zwischen seinen beiden
Knopflöchern.

Marterl für einen Bauern,
dessen beide Ehefrauen vor ihm gestorben sind.

EROTISCHER FUTTERNEID

In den Betten des Alpenvereins,
Wenn Du eine Sünde meinst,
Dann denk' daran:
Der neidische Nachbar liegt gleich nebenan.

Traunsteiner Hütte

KNOCHENSTATISTIK

Das wird eine schöne Gechicht',
Wenn es aufstehn' heißt beim letzten Gericht.
Wer numeriert die Knochen,
Die ich hab' mir gebrochen?

Ursprung unbekannt

ANATOMISCHES

Bei derer ihrem Busen kann nur ein Eunuch eng an der Wand klettern, aber nicht ein echter Bergführer.

Ein Bergführer beim Anblick seiner vollbusigen Seilgefährtin

VERSTÄRKUNG FÜR DIE HIMMLISCHE JUNGMANNSCHAFT

Ich stieg hinauf die Felsenwand,
Wo ich strauchelt mit dem Stand.
Elf Geschwister beweinen meinen Tod
Ich war im 15. Lebensjahr schon bei Gott.

Gestorben am 15. August 1862 –
Martin Perner, Ober-Nader Sohn
Tauernkapelle bei Tweng

TRIMMPAUSE

Halt ein, o Wanderer! und hemme deinen Schritt;
Vergiß die armen Seelen mit deiner Andacht nit.

Salzburger Land

So kühlt ihr wiederum mir Brust und Wangen,
Ihr Bergeslüfte, die ich oft erflehte,
Wenn Dunst und Qualm der Gasse mich
umwehte,
Und in das Ohr mir hohle Worte klangen.

Dem Himmel Dank, die Matten seh' ich prangen
Wie sonst, und an dem Pfade, den ich trete,
Ragt hoch das Kreuz, vor dem ich gerne bete,
Gestillt ist ja mein glühendstes Verlangen.

Hinauf, hinauf, bis mich die Wolkenkrone
Umhüllt mit einem Hohepriesterkleide –
Es naht der Sterbliche des Höchsten Throne.

Wie ich den Fels um seine Ruhe neide!
Vergessen ist die Qual, die ihn zerrissen –
O wär' er doch mein letztes Schlummerkissen!

J. Schwabl

DOPPELBELASTUNG

Das Bergsteigen
und die ehelichen Pflichten
werden mich noch zu Grunde richten!

Ursprung unbekannt

MASTKUR

Muskelkater – Sonnenbrand –
zehn Pfund zugenommen – allerhand!

Ursprung unbekannt

DREI ZENTNER SELIGKEIT

Hier ist ertrunken Anna Lentner,
Sie wog mehr als dritthalb Centner;
Gott geb' ihr in der Ewigkeit
Nach ihrem G'wicht die Seligkeit.

Aus dem Inntal

ADELSSCHICKSAL

Im Jahre 1863 am 4. Dezember ist der ehrsame
Jüngling Jeid von Schweighoff mit Kitz
aussteigen von einem hochen
Felsen herabgefallen und gleich gestorben.
Der Mann fuhr jetzt zum Felsensturze,
Den Namen Gottes stets im Mund,
Und endete stürzend seine kurze
Auch letzte – schwerste Lebensstund.
Freund, Kinder herzlich weinen,
Bedauernd tief dein hartes End,
Es trauern mehr (als noch die Seinen)
Wer immer nur dein Schicksal kennt,
Doch die schreckt Tod und Felsen nicht,
Der stets mit Gott und Tugend sich richt.

Bei St. Leonhard im Pitztal

FRUST

Oft hats mi hi'ghaut,
drum bin i ab'ghaut!

Ursprung unbekannt

ERNTEDANK

Wünsche warben um kühnsten Grat,
Mutige rutschten sogleich zur Tat.
Wünsche waren eine schlimme Saat,
zur Ernte erblühte Knochensalat!

Ursprung unbekannt

ZWEIER

Eine alleine – ist nicht feine.
Aber eine und einer – und dann alleine –
das ist feine!

Ursprung unbekannt

LEBENSWEISHEIT

Genieße das Leben ständig,
denn du bist länger tot als lebendig!

Ursprung unbekannt

TREUE

O liebreiches Jesulein,
Laß uns dir stets befohlen sein;
Kein bessere Treu auf Erden ist,
Als nur bei dir, Herr Jesu Christ.

Zwischen Filzmoos und Mandling

LEBENSWEISHEIT

Viel genossen, viel gelitten,
Und das Glück lag in der Mitten;
Viel empfunden, nichts erworben.
Froh gelebt und leicht gestorben.
Fraget nicht nach der Zahl der Jahre
Kein Kalender ist die Bahre
Und der Mensch im Leichentuch
Ist ein zugeklapptes Buch.
Drum, Wand'rer, zieh' dich weiter,
Denn Verwesung stimmt nicht heiter.

Bei Wien

HÜTTENAFFAIRE

Hier gewesen in diesem Schlafsaalbett,
Jochen, Christine und – oh Schreck –
ein Alpenvereinsembryo.
Wahrscheinlich heißt er Theo.

Roßfeldhütte

MATSCH

Es hat nicht sollen sein, oh weh,
daß ich auf dem Gipfel steh:
Dafür blieb ich tief unten pappen,
ohne Kopf und mit gebrochenen Haxen.

Ursprung unbekannt

SEX-FERNÜBERTRAGUNG

Lieber Gott, wer hätte das gedacht,
daß es hier gibt eine solche Weiberpracht.
Einem Bergsteiger auf der Winkelmoos,
dem druckts gar arg in seiner Hos'.

An einer Bank auf der Winkelmoosalm

Bin ich der Erde schon entrückt? Ringsum
Schweift nur der Blick ins Bodenlose,
Die Menschenwelt liegt mir zu Füßen stumm,
Nur fernher mit des Kataraktes Getose
Verhallend steigt im feierlichen Chor
Der Tannenwälder Rauschen in mein Ohr.

Wie Opferdampf der betenden Natur
Seh ich die Nebel um die Gletscherspitzen
Aufwirbeln in den leuchtenden Azur
Und durch den Rauch die Eisaltäre blitzen,
Indes in donnernder Lawinen Fall
Den Morgenhymnus singt das große All.

Graf von Schack

HEITERES

Unter der Bestellnummer 18012 ist in dieser Reihe erschienen:

Hermann Schreiber

QUELL DER LEBENSFREUDE

Ein unbeschwerter Spaziergang durch ein reizvolles Kapitel der Kulturgeschichte: Der Mensch im Bad. Von Badern, Schröpfern, Kuren und Amors Wellenbädern ist die unterhaltsame Rede. Seit ältesten Zeiten war (und ist) Wasser nicht nur zum Waschen da, sondern steht auch für jene höhere Ebene der Lebenskunst, die ohne Sorgen und Spannungen den Alltag vergessen macht. Ob bei den alten Griechen, in der Renaissance oder im 20. Jahrhundert: Vergnüglich ging es zu – in der und um die Badewanne.
Dr. Hermann Schreiber, 1920 bei Wien geboren, studierte Literaturgeschichte, Geschichte, Kunstgeschichte und Philosophie. Als Schriftsteller zählt er zu den bekanntesten Sachbuchautoren Deutschlands. Seine Bücher wurden in 17 Sprachen übersetzt.

HEITERES

Unter der Bestellnummer 18 011 ist in dieser Reihe erschienen:

LIEBER ONKEL, LIEBE TANTE

Heitere Geschichten um Verwandte
hrsg. von Ehrhardt Heinold

Dieses Buch ist eine Familienfeier. Liebenswürdig ironisierend, ein wenig boshaft, teils heiter, teils ernst werden Eltern und Großeltern, Kinder, Geschwister, Onkel und Tanten, Neffen und Nichten, Vettern, Basen und Schwäger von berühmten Autoren unseres Jahrhunderts unter die Lupe genommen. Charakter- und Situationskomik, sympathische allzu menschliche Fehler und Schwächen, mit verstehendem Lächeln beleuchtet, werden hier zu literarischen Huldigungen an die Familie. Die ganze Verwandtschaft wird ihre helle oder stille Freude haben an diesen zauberhaften Geschichten von Tucholsky oder Brecht, Wedekind oder Thoma, Heinrich Mann oder Kusenberg, Sostschenko oder Manzoni.

BASTEI LÜBBE

HEITERES

Unter der Bestellnummer 18 006 ist in dieser Reihe erschienen:

TROTZDEM HABEN WIR GELACHT

hrsg. von F. Hartau und E. Heinold

Prominente Persönlichkeiten – wie Tilla Durieux, Werner Finck, Erich Kästner, Eugen Roth und Fritz Kortner – halten Rückschau auf ein halbes Jahrhundert, in dem wir Deutsche ein Kaiserreich, zwei Republiken, eine Inflation, zwei Weltkriege erlebten und – überstanden.

Ist dabei nicht allen das Lachen vergangen? Die Autoren dieses Buches sagen: nein. Mag die Welt auch aus den Fugen geraten und Deutschland aus den Angeln gehoben worden sein – man ließ den Mut nicht sinken, verlor nie den Humor getreu der Devise: Lachen ist die beste Medizin.

Palette

In dieser Taschenbchreihe erschien als Band mit der Bestellnummer 14076:

Friede Birkner

DAS FÜNFTE RAD AM WAGEN

Roman

Als Witwe eines reichen Amerikaners ist die schöne Mabel Tondorf nach dem Krieg in ihre deutsche Heimat zurückgekehrt. Sie lebt auf ihrem herrlichen Besitz Riedwiese in Reichtum und Komfort, aber unzufrieden mit ihrem inhaltslosen Dasein. Die Eintönigkeit wird nur unterbrochen durch die kurzen Besuche ihres Bruders, eines weltberühmten Violinvirtuosen mit dem Künstlernamen Lucio Monte.

Als eines Tages Lucio seinen Freund, den französischen Kriminalisten Jean Morais, nach Riedwiese einlädt und gleichzeitig die junge Edith als Schreibhilfe ins Herrenhaus kommt, ist es schlagartig mit der idyllischen Ruhe vorbei: Eine kostbare Amati wird gestohlen, zarte Liebesfäden knüpfen sich an, ein Mädchen mit einem Leberfleck wird dringend gesucht, eine große Erbschaft ist zu vergeben – kurz, er wird aufregend und turbulent.

BASTEI LÜBBE